누구를 만났기에

# 누구를 만났기에

이규호 제2시집

문학신문 출판국

〈축시〉

## 편(篇)마다 배인 하늘색
### - 이규호 박사의 제2시집 발간을 축하함 -

돌베개[石枕] 베고 누워
구름바다[雲海] 바라볼 제,
하늘 향해 뜨인 눈에
푸르름 밀려들어
대은재(大隱齋) 글방 가득히
넘실대는 하늘색.

땅 위의 사물들은
하늘의 광채들을
반사하는 거울인가?
반영하는 매체인가?
편(篇)마다 밴 쪽빛이
은은(隱隱)히 풍겨나네.

믿음으로 살면서
믿음으로 시(詩)를 쓰니
만상(萬象)이 믿음이요
연(聯)마다 믿음이네.

소담한 두 번째 시집,
믿음의 시 대향연(大饗宴).

"누구를 만났기에"
그토록 감격하고,
무엇을 보았기에
그리도 기뻐하오?
만강(滿腔)의 축하를 담아
귀한 분께 드리오.

2019년 7월 31일

**남대극** 신학박사
재림문인협회 회장

## 자서

땅만 파고 살던 두더지가 하늘을 보게 되면서,
생(生)의 코페르니쿠스적 대전환이 시작되었다.

에덴의 순수가 '그립네', 눈물짓는가 하면,

천지 만물의 주인이면서도 거지처럼 사셨던
'난거지든부자'를 닮고자 소원하고 있질 않나?

도대체 '누구를 만났기에',
배와 그물을 버리고는
세상 것까지 배설물로 여기게 되었는가?

사계의 변화 속에 상존하시는 분의 능력을
'봄은 못 말려' 노래하는가 하면,
발길 닿는 곳, '양화진에서' 본향을 사모하며,

그분을 따르는 무리 가운데 하나로
'나도 쟁이' 되기로 맘을 굳혔는가?

이 책은 하나님과 교제하며 걸어온
내 삶의 궤적이요,
그분께 드리는 나의
'고백', '다짐', '서원'(誓願)이다. 애오라지
"보시기에 좋았더라." 하신 그분의 말씀을 들었
으면 좋겠다.

화룡점정(畵龍點睛)의 〈축시〉로, 시집 전편(全篇)
을 영활(靈活)케 해 주신 남대극 박사님께 깊은
감사를 드립니다.

   2019년 8월 대은재(大隱齋)에서

차례

**축시** ···· 4
**자서** ···· 6

## 제1장 난거지든부자

신호등 ···· 15
누름돌 ···· 16
워낭 소리 ···· 18
난거지든부자 ···· 20
당신은 빗물 ···· 22
주치의가 필요해 ···· 24
약손 ···· 26
하늘의 셈법 ···· 28
하늘 청소부 ···· 29
절규 ···· 30
단풍놀이 ···· 31
옛날이야기 ···· 32

## 제2장 그립네

그립네 ···· 35
깨진 옹기라도 ···· 36
쉼 ···· 38
송구영신 ···· 39
꺼꾸리 ···· 40
회개 ···· 41
핸드폰 광야 길 ···· 42
곶감이 하는 말 ···· 44
두 마음 ···· 45
어떤 건망증 ···· 46
숨어 있네 ···· 47
다 드러난다 ···· 48
가을 논 ···· 49
벽난로 앞에서 ···· 50

## 제3장 누구를 만났기에

사랑의 기쁨 ···· 53
빈방 있습니다 ···· 54
네가 어디 있느냐 ···· 56
너는 흙이니 ···· 58
사랑의 늦깎이 ···· 60
누구를 만났기에 ···· 62
하늘 정탐꾼 ···· 63
유전인자 ···· 64
코미디여 안녕! ···· 65
감사 ···· 66
마사지 손길 ···· 67
독백 ···· 68
그릇이 되고 싶어요 ···· 69
저울 ···· 70
세상을 이기었노라 ···· 72

## 제4장 봄은 못 말려

봄은 못 말려 ···· 75
벚꽃나무 ···· 76
달래를 캐며 ···· 77
숨바꼭질 ···· 78
춘야희우(春夜喜雨) ···· 79
토란 ···· 80
농심(農心) ···· 81
수세미만 같아라 ···· 82
모과 ···· 83
매미 ···· 84
청태 없애기 ···· 86
앤슈리엄꽃 단상 ···· 87
잡초를 뽑으며 ···· 88

## 제5장 양화진(楊花津)에서

진주 기행 ···· 91
주름살 ···· 92
외돌개 ···· 94
미로역정 ···· 96
양화진에서 ···· 98
몽골 여정 ···· 100
사슴의 동산 ···· 103
지형훈 선생 팔순 잔치 ···· 104
다 안다 ···· 105
그대, 복 받은 '여성협회'여! ···· 106
송년 시 ···· 108
재림문인협회 회가 ···· 110

## 제6장 나도 쟁이

나비 ···· 113
나도 쟁이 ···· 114
참사랑 ···· 115
영적 예배 ···· 116
너는 ···· 117
사랑은 ···· 118
신흥부전(新興夫傳) ···· 119
재물론 ···· 120
선악과 ···· 121
'우보'표 마중물 ···· 122
'석침(石枕)' 아호 풀이 ···· 123
가족 건강 ···· 124
귀감 ···· 126

# 제1장
# 난거지든부자

## 신호등(信號燈)

나는 날마다 길 위에서
세 분 하나님을 만난다.

절대 가선 안 된다며
피 흘리며 막으시는 예수님,

바로 가건 돌아가건 안전하다며
초록빛으로 감싸 주시는 성령님,

멈추든가 얼른 지나가라고 발 구르며
얼굴 노래지시는 사랑의 하나님을.

나는 매일의 인생길에서
세 분 하나님의 도움을 받는다.

## 누름돌


섬김 받지 못해
섭섭한 마음이 들거든

지 담기는 오이처럼
오돌토돌 잔가시 다 털리고

항아리 속에 절여져
끓인 소금물 세례를 받자.

제어 안 된 성벽(性癖)들
부글대며 오르거든

아예 숨까지 죽여 줄
누름돌을 가슴에 품자.

가끔씩 다시 끓여 붓는
소금물 속에서

듬직한 석질(石質)의
지그시 눌러 주는 손길을

쪼그라져 아작해질 때까지
겸비한 즐거움으로 누리자.

## 워낭 소리


이 땅에 오실 적부터
그는 목에 워낭을 다셨네.

보이지 않게
스스로 계신 분이
늘 그와 함께하셨고

진리의 나무를 켜실 때든
영혼의 밭을 가실 때든
딸랑 소리 그를 떠나지 않았네.

길마 지운 등에 세상 죄 지고
주인 뜻 행한 질고의 세월

양들은 그 소리 마냥 좋아
눈물로 따르며 가슴을 열었고
염소들은 그 소리 죽도록 싫어
몸서리치며 귀를 틀어막았네.

영혼을 헤집는 소리
골고다 언덕에서
끝내 메아리 져 갔지만

그 워낭 목에 단 무수한 무리들
세상 끝까지 걷고 또 걸으며
오늘도 대신하여 들려주고 있네.


*워낭 - 마소의 귀에서 턱밑으로 늘여 단 방울
**길마 - 짐을 싣기 위하여 소의 등에 안장처럼 얹는 도구

## 난거지든부자

천지를 창조하신
그분은 든부자

만물의 주인이
열에 하나만 달라
구걸하시는 난거지

집도 절도 없이
단벌옷에 맨발
마른 떡에 말씀 반찬

그래도 생각은 온통
세상 구원하시는 일

나는 속 빈 강정
빛 좋은 개살구
속은 곤고한데
겉은 부요한 척

이생의 자랑에
육신의 정욕 타령
소리만 요란한
얕은 물 빈 수레

십자가 지긴 모르쇠
가련하고 한심스러운
든거지난부자여

***난거지든부자** - 실제는 부자이지만 겉보기는
 가난뱅이로 보이는 사람

## 당신은 빗물

빗물이 창을 두드리면
가슴이 설레기 시작하지요.

청동 감옥에 스며드는
당신은 황금 빗물.

석녀처럼 지내는 게 안타까워
내 안에 찾아 드시나요?

봄이면 이른 비로
가을이면 늦은 비로

내 삶의 전부를
적셔 주시는 당신.

이젠 빗물 없인 살 수 없어
밤마다 달무리를 기다리지요.

**\*청동 감옥과 황금 빗물** - 페르세우스는 제우스 신과 아르고스의 공주 다나에(Danae) 사이에서 태어났다. 아르고스의 왕 아크리시우스(Acrisius)는 이 외손자의 손에 죽게 되리라는 예언이 걱정되어 딸 다나에가 외간 남자를 접촉하지 못하도록 청동 감옥에 가둔다. 하지만 다나에의 미모에 반한 제우스는 궁리 끝에 황금 빗물로 변신하여 그녀가 갇힌 청동 감옥 안으로 스며들어 페르세우스를 잉태하게 한다.

## 주치의가 필요해

우리에겐 아직도
많은 질병이 있다.

잘잘못 따지다가
온몸 달아오르는 열병(熱病)에

사랑이 있니 없니 간간히
거품 물고 발작하는 간질(癎疾),

받은 교훈도 소화 못 해
질질 흘리는 이질(痢疾)에

생명수 끌어안고만 있어
온몸이 붓는 수종(水腫) 병에

잘 베풀다가 인색해지면
금세 도지는 오른손 마름병,

오류의 바람맞아

자리에 눕는 중풍(中風)에


날 위한 하늘의 수혈도

아무 보람 없는 혈루(血漏) 병에


끝내는 믿음의 살마저

문드러져 내리는 나병(癩病)까지.


실로 우리는 병충이들!

항시 주치의가 필요하다.

## 약손

관 속 같은 둥근 통
온몸 깊이 진동하는
엠. 알. 아이(MRI)의 굉음(轟音)

튕겨 나온 허리 디스크
선명히도 찍어 냈네

화타(華陀)라면 잡아 줄까
눌리고 찢기는 이 통증을

뼈 영상 봐 가며
제자리에 밀어 넣는
오존(ozone)주사(注射)요법

긴 기도 끝에 만난
입신(入神)의 손길이언만

그래도 마음 한편
울컥 서리는 미련(未練)은
하늘의 약(藥)손이시어라

아가 배는 똥배
엄마 손은 약손인 걸


*화타 - 중국 후한 말에서 위나라 초기의 명의(名醫)

## 하늘의 셈법


배와 그물 다 버리고
하늘길 찾아 나섰던 빈털터리

이젠 땅 매입하며
서원(誓願)까지 하게 되었네,

차익(差益)의 절반을
당신께 드리겠노라고.

당신 따르다 잃은 것이면
몇 배로 갚아 주시겠단 언약,

됫박만큼 잃은 손실을
말(斗)만 한 조상 땅 찾아 덮어 주시고

건강에 영성까지 덤 얹어 주시는
참 어수룩한 하늘의 셈법이네.

아, 약속에 신실하신 하나님을
아버지로 둔, 복 받은 인생이여!

# 하늘 청소부

하도 더럽게 쓰고 나간 월세방
어떻게 해 볼 엄두가 안 나네.

특수 약품에 파트별 전문가라나
'깔끔이'란 상호 보고 맡겼더니
벌레 자국, 때 얼룩이 그대로인데

되레 이런 집 첨 봤다고 역정 내며
가욋돈 더 내놓으라고 닦달을 하네.

누가 주인만큼 제집을 잘 알까.
누가 조물주만큼 피조물을 잘 알랴.

진홍같이 붉은 은밀한 죄악도
양털같이 희고 눈보다 더 하얗게
묵묵히 표백해 주시는 손길,

싸도 턱없이 싼, 아니 값없는
하늘 청소부의 용역이여!

## 절규(絕叫)

너는 나를 누구라 하느냐?
주는 그리스도시오
하나님의 아들이로소이다!

그럼 너는 너를 누구라 하느냐?
저는 택하신 족속이요 거룩한 나라요
왕 같은 제사장이요 주의 소유된 백성입니다!

오호, 그래?
그럼 왜 세 번씩이나 날 부인하였느냐?
저주까지 해 가면서!

네가 정녕 나를 사랑하느냐?
사랑하는 거냐?
사랑이나 하는 거냐?

제가 주를 사랑함을 주께서
잘 아시나이다!
아시나이다!! 아시나이다!!!

# 단풍놀이

숲에 들기도 전에
눈부터 물들어 오네.

울긋불긋 옷차림
그 속에서 조화롭고.

색에 취해
빛에 취해
고움에 취해,

말없이 내려놓는
금빛 핏빛 삶의 자취를

밟는 내 마음
아려서 휘청이네.

## 옛날이야기

옛날 초나라 섭공(葉公)은
용을 무척이나 좋아해
집 안팎을 온통
용 그림으로 장식했다지.
정작 용이 출현했을 땐
그만 기절초풍했고.

이천 년 전 유대인들
구주의 오심을 꽤나 고대해
노래와 예언과 기도에
그 이름을 달고 살았다지.
막상 구주께서 오셨을 땐
끝내 영접지 않았고.

오늘날 마지막 무리들
구주의 재림을 엄청 사모해
집 안 구석 맘 구석을
말씀으로 도배하고 있다는데
정녕 주님 오실 땐
필시 옛날과는 다르겠지?

# 제2장
# 그립네

# 그립네


무섭다고 숨고
부끄럽다고 감추네.

뱀 때문이라고
그녀 탓이라고
서로 핑계를 대네.

뭔가 안 걸쳐도
맨몸인 줄 몰랐었는데.

가림도 없고
막힘도 없던
그 천연의 시절이 정녕 그립네.

## 깨진 옹기(甕器)라도

흙이라고
다 옹기가 되는 건 아니네.

점토(粘土)라야
장인(匠人)의 눈에 들고
토련(土鍊)을 거쳐야
장인 손에 빚어지지

유약(釉藥)으로 분 발리고
천이백 도 고열의 어둠 속

어쩌다 생각 죄로 머리 깨지고
욕심 끌어안고 있다 배 터지고
음욕 품다 그만 밑이 빠져도

장인의 옹고집 사랑
밉다 내치지 아니하시고
쓸 만한 곳에 두고 얼굴 내게 하시네.

참 복도 많네.
허물의 사함을 받고
죄 또한 가려진 바 되었으니

(보성 땅 〈미력옹기점〉에서)

# 쉼

촌집 한 채를 헐어
땔감으로 실어 온 게 산더미네.
참, 집에 들어가는 목재가
이렇게도 여러 가지였나.

가늘고 굵고 둥글고 모나고
시커멓게 그을린 부엌 서까래며
기와 이느라 등 굽은 대들보며
끌로 패이고 못 세례 받은 기둥이며.

한때는 청청했던 나무들이
모두가 제 나름의 상흔을 안고
험한 세월 수고로이 지내왔네.

이제 주인 새로 만나 못도 뽑히고
일정한 길이로 고이 절단되어
창고에 쟁여져 쉼을 얻게 되었네.

새집 벽난로 제단 위에
점도 흠도 다 태워질
평강의 그날만을 손꼽아 기다리며.

## 송구영신(送舊迎新)


묵은 때를 벗기려
목욕탕을 찾았더니
때 없는 사람 하나 없데.

뭐 잘 났다 으스댈
건더기도 하나 없고.

물속에 잠겼다
물 밖으로 나오며
거듭남을 겪어 보네.

열탕에 몸 잠그시며
"크, 시원하다-." 하신
선친의 역설(逆說), 이제야 깨닫네.

새해 맞기에
떳떳하고 상큼한 이 기분,
송구영신은 마음속 때 씻기로 할 일일세.

제야의 종소리 못 들어도
날밤 새우며 해맞이 못 하더라도.

# 꺼꾸리

엡솜염 푼 욕조 속
두 발을 어루만져 본다

머리 대신 먼저 나와
날 꺼꾸리라 불리게 했지

오른쪽 엄지발가락에
희생의 피 발려야 했는데

그만 주인 잘못 만나
꽤나 왼 곳을 싸다녀야 했지

백체(百體)를 떠받들며
묵묵히 따라 준 바보

세상과 거꾸로만 걷게 해야지
한 번 더 속다짐해 본다


* '**엡솜염(Epsom salt)**' - 영국 엡솜 지방에서 나는
  '황산마그네슘'으로, 소금처럼 생겼다 하여 붙여진 이름
** '**왼**' - '그른'의 옛말

# 회개(悔改)

죄(罪)를 슬퍼하고
죄에서 떠나는 거다

불법(非)의 그물(罒)에서
벗어나는 거다.

남에게 전파하고
자신이 버림당하지 않게

늘(每) 마음으로(忄)
제 몸(己)을 치면서(攵)

나로부터 주께로
중심을 이동시키는 거다.

행여 선 줄로 생각 말고
넘어질까 조심하면서.

## 핸드폰 광야 길

그대는 지금
뭘 보고 있는지,
볼 것 많은 세상이라
어쩔 수 없다마는
"성령을 따라 행하면
육체의 욕심을
이루지 아니할 텐데(갈 5:16)."

그대는 지금
뭘 듣고 있는지,
들을 것 많은 세상이라
말릴 수 없다마는
"하나님 아들의 음성을
들으면 듣는 자는
살아날 텐데(요 5:25)."

그대는 지금
무엇을 택할는지,
빛과 어둠, 생명과 사망이
혼재하는 손바닥 안에서
"그대 넉넉히 이김은
우리를 사랑하시는
이로 말미암을 테니까(롬 8:37)."

## 곶감이 하는 말


내가 대봉시가 된 건
그분의 은혜라
운명은 그분 손에 맡겨 있지.

진주홍 살결 아프게 벗겨지면
플라스틱 갈고리에 꿰여
건조대에 마냥 달려 있어야 해.

햇볕과 바람과 하중(荷重)에
그슬리고 쪼그라들고 늘어지는
고난의 숙성(熟成)을 맞이하는 거지.

이윽고 진 누렇게 입혀진
새 껍질 속 말랑해진 속살은
모양 나게 매만져지고

쫄깃하게 분 바른 감칠맛
그분께 즐거움을 드리면
내 소임은 비로소 끝나는 거지.

# 두 마음

지어먹은 마음은
아침 구름이나
쉬 없어지는 이슬 같습니다(호 6:4).

위에서 받은 맘은
변함도
회전하는 그림자도 없습니다(약 1:17).

지은 마음은 한 철이고요
받은 마음은 사철입니다.

## 어떤 건망증

머리에 걸쳐 놓고
"내 안경 어디 갔지?"

손안에 쥐고서는
"내 핸드폰 어디 있지?"

이미 들어왔으면서
"안식일이 언제지?"

맘속에 품고서는
"하나님 어디 계시지?"

# 숨어 있네

배꼽 내놓고 자도
시원찮은 열대야

어느새 새벽녘
이불 당겨 배를 덮네.

여름 속에 이미
가을이 숨어 있네.

풀 마르고 꽃 이우는
못내 아쉬운 멈춤

어인 긴 잠의 끝자락
훈풍에 웅크림 벗네.

겨울 속에 이미
봄이 숨어 있네.

## 다 드러난다

겨울이 와야
산도 속살이 드러나고

가뭄이 와야
강도 민낯이 드러난다.

시련이 와야
사람도 속내가 드러난다.

# 가을 논

어느 논은 벼들만 가지런한데
어떤 논은 피들로 어수선하고

익을수록 벼들은 고개를 숙이는데
자랄수록 피들은 제 크다 꺼떡이네.

벼들은 황금 낟알로 변해 가는데
피들은 꺼먼 얼굴로 투정만 하고

누가 봐도 잘못된 건 피들인데
저들은 되레 벼들을 타박하네.

두어라, 가을이 되면 알곡은 곳간에
가라지는 아궁이로 들어갈 터이니.

## 벽난로 앞에서


모두가 굵직하면
불이 쉬 붙질 않아

바닥에 마른 솔잎 깔고
그 위에 잔 가쟁이, 쪼갠 장작,
통나무 순으로 놓는다.

무아가 된 나무일수록
불씨를 먼저 받게 마련,

때맞춰 바람이 피어오르면
불길은 혀처럼 갈라지고

너울너울 열과 빛을 내주며
제단 위 제물 되어 스러져 가는
시리도록 아름다운 희생을 본다.

# 제3장
# 누구를 만났기에

## 사랑의 기쁨

엊그제는 내 칠순 잔치를 위해 든 적금을 찾았다며, 큰딸 내외가 와서는 음식 대접하곤 돈이 든 봉투를 편지와 함께 내밉니다. 지난번 잔치에 자식들 성의가 많이 부족했다고 죄송하다 합니다.

어제는 그 딸이 또 찾아와 아빠 엄마 나들이 시켜준다며 롯데 아웃렛, 코스트코로 이끌며 이 옷 저 옷 챙겨 줍니다. 내 차보다 제 차가 더 좋은 것이 마음에 걸린다고 미안해합니다.

오늘은 제 기도처 앞 어린 감나무가 발갛게 익은 큼직한 대봉시를 병들지 않은 온전한 모습으로 한 광주리 내놓습니다. 많은 열매를 떨어뜨렸다며 몸 둘 바를 몰라 합니다.

이렇게 부모를 기쁘게 해 주려는 자녀들, 저렇듯 주인을 즐겁게 해 주려는 나무들, 저들처럼 나도 하나님을, 예수님을 그렇게 사랑하고 싶습니다.

## 빈방 있습니다


빈방이 없어
말구유에 누우셨고
머리 둘 곳조차 없으셨던 주님,

수넴 여인처럼
담 위에 방 하나 마련하여
당신을 모시고 싶습니다.

마가처럼
다락방 늘 비워 두고
당신의 성령을 받고 싶습니다.

이젠 느헤미야처럼
원수의 세간 방 밖으로 내치고
성전 기물을 들이고 싶습니다.

오늘 네 집에 묵겠다고
삭개오에게 하신 주님 말씀
저도 받고 싶습니다.

빈방으로 온 이 몸
당신 것으로 꽉 채워
원래대로 돌아가고 싶습니다.

## 네가 어디 있느냐


우리가 앉는 탁자 위엔
성경과 '예언의 신'이
늘 펼쳐 있게 하시고

우리가 무릎 꿇는 자리엔
기도의 향기로움이
늘 진동하게 하시고

우리가 마주하는 식탁엔
서로 나눌 건강 권면이
늘 놓여 있게 하시고

우리가 대화하는 자리엔
영원을 사모하는 이들이
늘 화젯거리가 되게 하시고

우리가 함께 쌓는 제단엔
온 마음 다한 시와 찬양이
늘 메아리치게 하시어

우리에게 가장 행복한 곳은
주께서 있기를 원하시는
바로 그곳임을 알게 하소서.

## 너는 흙이니

이리저리 옮겨 놔도
푸념하지 않고
여기저기 쑤셔 대도
아파하지 않는다.

거름을 끼얹어도
내색하지 않고
제초제를 뿌려 대도
찡그리지 않는다.

가뭄에 쩍쩍 갈라져도
하늘 원망 안 하고
장마에 퉁퉁 불어도
볼멘소리 한 마디 없다.

받는 대로 보듬고
심는 대로 키워 주며
속의 것까지 다 주면서
도무지 생색내는 일도 없다.

너는 흙이니
흙으로 돌아갈지어다.

## 사랑의 늦깎이

참사랑은 상대와
아예 같아지는 것.

그미는
찐 호박이나 볶은 깻잎을
아주 좋아한다.
뷔페에 끌려라도 가면
육식 섞인 음식 앞에서
거의 울상이 되어 버린다.

그미는
말씀을 보고 들을 때
제일로 행복해한다.
새벽에 못다 읽은 성경
밤늦게라도 읽자 하면
어린애처럼 환히 웃는다.

그미는
교회 반찬 만들 때
콧노래로 흥겨워한다.
어쩌다 일이 늦어져
안식(安息)이라도 범할라치면
발을 동동 어쩔 줄 몰라 한다.

이런 그미 맘을
뒤늦게 감싸려는
난 사랑의 늦깎이인 듯.

## 누구를 만났기에

고추 오이 가지 네댓 개
깻잎 상추 쑥갓 한 줌
옥수수 한 소쿠리에

만금을 잃은 먹물 가슴
말갛게 웃네.

우줄대던 상패(賞牌)들
거들먹거리던 논저(論著)들
팽개쳐 버린 빈자리에

하늘 담은 시집(詩集) 채워
심령 마냥 배불러 하네.

주위 사람 다 떠나
나그네처럼 지내도
한 신앙 새 가족 있어

작은 것에도
되레 행복하네.

## 하늘 정탐꾼


달리는 노래방은
저마다의 애환을 풀어내는
세대별 애창곡들의 경연장.

알코올 아닌 아침 햇살에 취해
삶의 넋두리에 동참해야 하는
하늘 정탐꾼의 안타까운 심정이여.

땅의 노래와 술이 있듯
하늘의 음악과 음료도 있건만
원대로 놔두면 얼마나 좋을까.

차 안의 소음 속에서도
흔들리는 섬광 중에도
하늘과 교신하는 간절함이여.

물이 곱다는 여수 바다에 놀고
순천의 국가 정원도 거닐었으니
이제 저 위 생명강 가로 향하면 어떨까.

(탁구동호회 춘계 야유회에서)

## 유전인자


"고-맙-습-니-다."
어린애 같아진 아내의 말투에서
작고하신 장모님 음성이 들린다.

"자알- 먹-었-습-니-다."
아내의 천진한 모습에서
불현듯 장모님 얼굴이 떠오른다.

겸손과 온유의
하늘 유전인자
어느 틈에 딸에게 전해졌는가.

건망증 심한 붕어빵 모녀
타박도 많이 주었건만
흙 위에 기록한 듯 다 덮어 주었으니.

하늘은 품성으로 간다는데
그들 속에 이어진 믿음의 인자(因子)
내게도 못잖게 흐르고 있을진저.

## 코미디여 안녕!

도살장행 개들이
철장 안 흘레를 하고

우리 속 팔려 가는 닭들이
피 흘리며 물고 뜯는다.

잡혀 먹힐 돼지들이
더 먹겠다 서로 밀치고

죽을 날 잡힌 사형수들이
화투 돈 갖고 티격태격한다.

꼼짝없이 죽을 인생들의
코믹하게 서글픈 자화상이다.

그대, 사면해 줄 분 속히 만나
생명으로 옮겨 앉지 않겠는가?

# 감사

새벽 일찍 일어나 노래하는 새들
요란스레 재잘대며 감사를 한다.
보금자리에 양식까지 주셨다고.

아침이면 굼실대는 채마밭 식구들
꽃봉오리 활짝 펴며 감사를 한다.
간밤 이슬 내려 흠뻑 적셔 주셨다고.

대낮 담장 옆 삐악대는 병아리들
물 한 모금 머금고 하늘 향해 감사한다.
이렇게라도 마실 수 있게 해 주셨다고.

수족관 유영하는 갖가지 열대어들
패션쇼 몸짓으로 감사를 한다.
변치 않을 천의무봉 입혀 주셨다고.

잠자기 전 무릎도 꿇지 않는 인생들
하나님께 얼마나 감사를 해야 할까
저들보다 더 귀히 여기심을 안다면.

## 마사지 손길

마사지를 받으며
시원함에 앞서

괜히 미안하고 안쓰럽고
측은한 맘이 들었네.

돈도 요구 않고
피 흘리며 날 어루만지신

그 손길엔
무감각한 이 참담함을

이찌할거나
와락 울어 버렸네.

## 독백

새벽녘 침상에 누워
혼자 중얼거려 보네.

개천에서 용 났지,
좋은 대학에도 들어가고.

그 명예와 후광으로
평생 후한 대접 잘 누렸지.

재물 운도 좀 있는 것 같아
드린 것 이상으로 되받았으니.

근데, 내게 주신 분 앞에선
불면 날아가 버릴 먼지들 아닌가.

그래 빈손으로 왔지만
빈손으로 가고 싶진 않아,

그분과 함께 살기 위해
그분 품성 꼭 갖춰 가야 하겠네.

## 그릇이 되고 싶어요


하늘을 담을 만한
듬직한 그릇이 되고 싶어요.

택하는 건 주인 몫이니
그릇이 저요, 저요 나설 순 없지요.

그저 속 깨끗이 비우고 건실히
진득하게 때를 기다리면 되겠지요.

이왕이면 외양도
주인 취향으로 준비하면 더 좋겠고요.

그릇의 쓰임은
오로지 주인 손에 달려 있으니까요.

# 저울

목욕하곤 올라 보네.
살이 좀 빠졌는지

말씀 본 후 달아 보네.
영력이 좀 불었는지

육(肉)은 줄고
영(靈)은 늘어라.

저울은
섭생(攝生)의 바로미터,

열 가지 체(體) 성분이
한눈에 측정되는 세상

'데겔'의
'벨사살' 왕이랴

달아 보니 넉넉한
'다니엘'이어라.


\*데겔(TEKEL) -
"왕이 저울에 달려서 부족함이 뵈었다 함이요(단 5:27)."

## 세상을 이기었노라

안식일 지켜 내려
배와 그물 버렸으니
세상을 이기었노라.

십일조 갖춰 내려
유혹 물리쳤으니
세상을 이기었노라.

하나님으로부터
난 자 되었으니
세상을 이기었노라.

세상을 이기는
승리는 이것이니
우리의 믿음이니라.

# 제4장
# 봄은 못 말려

# 봄은 못 말려

비 온 끝이라서 그런가
퇴비 듬뿍 뿌린 부추밭에
봄이 5센티쯤 고개를 들었네.

잠 깨라 두드려 줘 그런가
지난해 사다 놓은 표고 목에
봄이 동전만큼 얼굴을 내밀었네.

눈에 폭 싸여서 그런가
꽃봉오리 무수한 매실나무에
봄이 선홍으로 각혈을 했네.

피었다 쉬이 져서 그런가
유난히 정이 가는 목련나무에
봄이 뽀얀 가슴 섶을 열어젖혔네.

# 벚꽃나무

시커먼 실루엣에
옷은 어찌 그리 화사한지

바람난 봄 녀석 미친 듯 치근대다
아예 빗물 되어 속살을 헤집고 드네.

허공을 수놓던 화무(花舞)도 잠깐
여기저기 달라붙은 애처로운 옷 조각들

아아, 성장통은
천연계도 겪는 통과제의런가.

오늘 아침 벌써
푸릇한 본색을 드러내고 있으니

녹음 속 빨개지다 검어질
버찌 맛을 보겠네.

# 달래를 캐며

"동네 연못가 어딘가 숨어 있어."
귀띔해 주는 봄바람에

둑방 길 풀밭
눈이 아프게 헤적이다
기어이 만났네, 달래 무더기.

누가 볼세라
냅다 호미 들고 와
정신없이 캐 댔네.

그리곤
혼자 실없이 웃었네.

날마다 눈으로 밟는
말씀의 동산 숲길
당신을 이렇게 찾았다면

진작
저 보화 숨겨진 밭
주인이 되었을 것을.

## 숨바꼭질


몸에 좋은 건
다 거저네

햇빛도 공기도 물도
지천(至賤)의 저 쑥들도.

대숲 속 숨은 쑥의
함초롬한 자태

손꼽아 날 기다렸단
무언의 메시지네.

"네가 간절히 찾았기에
나를 만난 거야."

숱한 말씀 속 숨바꼭질
'까꿍 아빠' 찾는 희열

쑥버무리 한입에
몸이 냉큼 감지하네.

## 춘야희우(春夜喜雨)


밤비에 열린 농부의 귀
텃밭에서 들려오는
세미한 속삭임에 쫑긋거림.

메말라 기진해 가던
고구마 땅콩 옥수수
오이 가지 토마토 모종들,

복합비료를 타셨냐고
종합비타민을 넣으셨냐며
생기를 되찾는 웅성거림.

위를 향해 두 팔 벌려
하늘 농부님께 감사하는
떡잎들의 찬양의 코러스.

신이며, 지존자의 아들이라
칭함 받은 땅의 농부도
기쁨에 겨워 덩달아 흥얼거림.

## 토란

빗물도 삼투할 수 없는
신의 한 수, 녹색 우산들이
가뭄에도 싱그러워 눈물겹네.

성장을 멈춘 듯한 줄기에
동네 아낙들
호기심 반, 회의(懷疑) 반 눈길이더니

뿌리 둥치 드러난 날
입 모아 성경 절을 다 외우네,
외모로 판단할 일이 아니었다고.

푸른 그늘막 이파리며
연한 스펀지 대궁에
아기 주먹만 한 씨알들

나물로 국거리로 탕거리로
제 몸을 나누는 토실한 삶
주는 일의 복됨 누림을 보네.

# 농심(農心)

미끈하게 뻗은 석류나무
중풍 맞은 사람처럼
봄이 맟도록 반쪽이 벌거숭이.

주인의 눈은 충혈된 현미경
혹 바늘 끝 맹아(萌芽)라도 찾을까
조석으로 맴도는 조바심.

온 동네 부러움을 샀던
지난날의 풍성했던 영화(榮華)
앞집 어린 것에 빼앗긴 허탈감.

"민저 된 자 나중 되면 좀 어때서?
제발 숨 쉬고 있단 낌새라도 보여 주렴!"

때아닌 7월의 듬성듬성 붉은 꽃
충분히 쑥스러운 체면치레
농심은 이렇게 천심(天心)을 닮나 보다.

## 수세미만 같아라


어리고 여린 건 설탕에 재워지고
젊고 튼실한 건 햇볕에 말려져

효소로, 찻거리로 변신을 하면
천식, 비염 벌벌 떨며 달아난다네.

늙고 완숙된 건 끓는 물에 삶아져
더러움 씻어 내는 설거지의 달인 되네.

진노랑 화분 날려 이웃한 오이 호박
자기 몸매, 제 줄무늬 덧입게 하며

함께하는 이마다 자길 닮게 하면서
갈수록 왕성하게 열매를 맺는다네.

## 모과

늦가을 숲속 나뭇가지
황금 덩이들 주렁주렁
뭐가 어떻기에
'과일전 망신'이라 했나.

손에 집어 드니
기름기가 끈적끈적
속질도 꽤나 단단해
썰자니 손목이 다 시큰시큰

맛도 시금털털 풍채도 없이
참 제멋대로 생겼는데
건조기에 말리자니
어찌나 향내 진동하는지

온 동네 날파리들
코 벌름거리며
방충망에 매달려
몸들을 비비 꼬네.

## 매미

허물을 벗자
옛사람을 벗자
땅속 어둠의 자식
칠 년여의 굼벵이 세월
구르는 재주 덕분인가
하늘 주파수에 걸려
변신의 몸부림을 치네

탈바꿈을 하자
새사람을 입자
하늘을 나는 빛의 자녀
고작해서 십여 일의 일생
청징한 이슬에 목 축인
청아한 노랫가락 드날려
시절의 끝을 힘써 알리네.

봄가을도 모르는

저 미물의 깨끗한 삶

익선관(翼蟬冠)에 좋이 배어 있네.


***익선관** - 옛날 임금이나 신하들이 썼던,
 매미 날개 모양의 모자.

## 청태(靑苔) 없애기


어린 감나무
한 이태 놔둔 청태가
줄기와 가지를 덮네.

빙초산 좋단 말
물에 희석해 살포해 대네.

거짓말처럼 말끔해진
살 것 같다는 환호성

더께 낀 죄의 이끼
성령에 젖어
덩달아 녹아 스러지네.

# 앤슈리엄꽃 단상(斷想)

꼬부랑 할미라 해야 하나
피사의 사탑이라 해야 할까.

해님께 가까이 가고 싶어
온몸이 앞으로 엎어질 듯 휘었네.

친구들은 옹기종기 함께 모여
물리도록 볕 속에 뒹굴건마는

어쩌다 창가 양지에서 밀려나
응접실 중앙 그늘에 자리했나.

보기 안쓰러워 돌려놓으면
이번엔 자빠질 듯 반대로 굽고.

그래도 푸념 없이 꽃만 잘도 피우니
주인의 굄 받는 건 제 하기 나름일세.

## 잡초를 뽑으며

잔디밭에 생기면
귀한 풀도 잡초라

있을 곳에 있어야
그 존재 드러나리.

하늘이 명하신 곳을
떠나지를 말지라.

# 제5장
# 양화진(楊花津)에서

# 진주 기행

촉석루 밑 저 물가에 홀로 선 너럭바위
의기(義妓) 논개 모시더니 의암(義岩)이 되었구나.
저 둘의 애틋한 만남 삶의 정로 비추네.

진주중앙, 진주솔밭, 이란성 쌍둥교회
크기도 비슷하고 식구 수도 거의 같지
근원이 하나이어니 사랑하며 섬기네.

최 참판 댁 텅 빈 저택 황금빛 너른 벌판
인생 허무 말해 주는 동구 밖 허수아비
모든 게 지나가리니 남는 것은 말씀뿐

다물평생교육원 벽계수는 알려나.
아래로 내닫는 길 하늘 가는 길임을
새하얀 비명의 포말(泡沫) 무지개를 띄우네.

\***최 참판 댁** – 박경리의 소설 『토지』의 배경이 된 곳으로, 경남 하동군 악양면 평사리에 위치해 있다.
\*\***다물평생교육원** – 경남 산청군 단성면 호암로 631에 위치한 사회교육원의 이름.

## 주름살


아침 면도를 하다
목에서
그제 대포해안에서 본
주상절리(柱狀節理)를 만났다.

뜨겁게 끓던 욕망과 자랑이
하늘의 촉매에 닿아
급작스레 냉각된 결정(結晶)인가

아님,
공연히 큰소리치고
부질없이 힘주었던
허장성세의 퇴적(堆積)은 아닐는지.

저녁 샤워를 하다
이마에서
오늘 용머리해안에서 본
판상절리(板狀節理)를 만났다.

아래로 치닫던 전두엽(前頭葉)이
하늘의 촉매에 닿아
급작스레 위로 방향을 튼 표지(標識)인가

아님,
성에 안 차 찡그리고
섬김 받지 못해 투정하던
꼴불견의 흔적은 아닐는지.

틈새 틈새 녹아든
사랑과 희락과 화평
오래 참음과 자비와 양선
충성과 온유와 절제의 품격!

주름을 잡으려면
주상절리처럼
판상절리같이
그렇게 잡을 일이다.

## 외돌개


진리를 따른다고 외면당하고
손가락질받던 참돌들이
돌돌돌 삼삼오오 굴러와
외롭게 선 당신 앞에 모였습니다.

강돌김돌남돌문돌박돌서돌설돌
   소돌송돌신돌연돌오돌
     원돌이돌장돌정돌
       조돌표돌하돌

추사의 집 돌담처럼
밭두둑 돌무더기같이
믿음과 소망으로 엮여
어깨들을 밀착하며 둘러섰습니다.

거대한 암석에서 떨어 나앉아
비바람 큰 물결에 끄떡도 아니하고
안으로 삭이고 다지면서
파도의 때림도 물새들의 배설도
마다 않는 준엄한 가르침 앞에

"하나, 두울, 끝!"
익살스러운 장돌의 촬영술에
모두가 파안대소, 하늘 영상에 담기고
서로들 외돌개 당신을 닮겠노라
속으로 속으로 다짐해 봅니다.

## 미로역정(味路歷程)


추사의 적소(謫所)에 들렀더니
나직한 외침이 들려오네.

"대팽(大烹)은
두부과강채(豆腐瓜薑菜)라",
큰 음식은
두부와 오이와 생강과 나물이라고.

핸들은 건강 기별 따라
'만조이천쌀밥'으로
'황금부엌', '편운산장'으로
'연우네집'으로, '뉴자연'으로!

버스 기사 짜증 낼 법도 하게
'제주 홍암가'까지
구석구석 채식 찾아 잘도 다녔네.

먹거리 넘쳐 나는 세상
핀잔과 빈축을 곁들여
하늘 음식 골라 먹으며
"이 일도 기억해 달라."고
어리광 부려 보는 느헤미야들!

다니엘을 보라고
세 동무를 보라 자랑치신
하나님의 속내를 헤아려 보네.

## 양화진(楊花津)에서

한강 양화나루
절두산(切頭山) 한편의
고즈넉한 선교사 묘역

본향 길 사무친 언덕
비문마다 나직이 들려주는
간절한 순교의 염원들이여.

"예수 인도하소서.
어둡고 길 모르오니
나를 도와주소서!"

"오, 기도하오니
저로 충성되게 하시고
성공을 괘념치 않게 하소서!"

"나는 한국을 구경하러
오지 않았나이다.
뼈 묻을 각오로 왔나이다!"

무뎌진 심령 헤집는
무언의 채찍 소리에
힘 솟는 전진의 발걸음이여.

아, 그들을 보내 주신
이 땅을 위한 하나님의 사랑
뒤늦은 참회(懺悔)의 깨달음이여.

# 몽골 여정

Ⅰ
여행을 하려거든
전대와 물병만 차라
육포(肉脯), 마유(馬乳) 같은
생명의 양식으로,
생명수로 가득 채우라.
보급로 상관없이
땅끝까지 이르려거든

집을 지으려거든
세우고 거두기 쉽고
언제든 떠날 수 있는
창수(漲水)에도 끄떡없는
게르(Ger) 같은 집을 지으라.
잠자리 걱정 없이
세상을 정복하려거든

반석을 쳐라
한 번만 쳐라
양식이 나오고
물이 솟아나리라.

반석 위에 세우라.
집이 견고히 서리라.

**2**
새벽녘 광활한 대평원을 달리네.
길은 외줄기 나지막한 구릉 사이
가끔씩 이포식 농법 푸른 밀밭 보이네.

씨 뿌려도 발아 힘든 황량한 이 벌판에
말씀 씨앗 뿌리러 온 우리를 반기는 건
엉덩이 푸른 반점들 피가 섞인 탓일 터

심령의 밭 비옥하니 뿌린 대로 싹이 트네
잘 받아 흡수하니 더욱 주고 싶은 마음
주는 게 받는 것보다 복이 있다 했나니.

리틀 고비(Gobi) 가까운 듯 모래밭 눈에 띄고
양 떼 소 떼 말 떼들의 모습들은 멀어지네,
부조(父祖)들 본향 찾던 길 어렴풋이 보이네.

이윽고 사막 구릉 낙타 타고 오르니
저 멀리 주름바위 빙그레 맞아주네
모쪼록 우리네 심령 마를 날이 없기를.

*이포식(二圃式) 농법 – 경지를 2등분, 하나는 겨울 밭,
 다른 하나는 휴경지로 하고, 2년 주기로 순환하는 경작법.

**3**
테를지 거북바위 하 세월 기다렸나
온몸이 균열진 건 우리 만날 애태움
이 밤 사 쌓였던 회포 실타래를 풀리라.

사면에 진 친 듯한 모자이크 기암괴석
얼룩진 침략 역사 반영이나 하는 듯
금이 간 틈새 틈새마다 제국민(帝國民)의 생채기

몽골의 별자리는 밝기로 소문났지
견우직녀 별자리에 눈시울 붉어짐은
재림을 사모하는 맘 돌아보는 탓이리.

한 일도 별 없는데 한적한 곳 이끄셨네
게르(Ger)도 널찍하고 잠자리도 안온한데
머리도 둘 곳 없다 하신 주님 뵙기 민망해

한밤중에 지붕을 간질이는 빗소리
꿈결에 들려주는 주님의 사랑 고백
다시금 눈물 훔치네 하늘 가는 나그네

## 사슴의 동산

시냇물을 찾기에 갈급한 사슴이
시심(詩心) 근원 만나러 허위허위 달려와
시냇가 잣나무 숲에서 무릎 꿇고 구하네.

옛얘기 속 샘물처럼 마실수록 젊어져
목 축이고 배 채우니 문학 요정(妖精) 변신일세.
발목에 힘 부여받고 높은 경지 달리네.

네 하나님 어딨냐고 들이대는 종주먹에
그동안 눈물로 음식 삼던 빙충이가
감춰 둔 하늘의 비밀 들춰내곤 으쓱이네.


\***사슴의 동산** - 경기도 가평군 상면 청군로 330-92에
 위치한 SDA 연수원 이름

# 지형훈 선생 팔순 잔치
## - 큰매형 팔순 잔치에 붙여 -

지극한 효성으로 어버이 섬기시고
형제 우애로 대소사 챙기시니
훈훈한 인품의 향기 멀리까지 퍼졌네.

선천적인 성실함과 부지런한 습성
생각 깊고 유연한 폭넓은 대인관계
팔 벌려 다독거리며 1남 4녀 훈육했네.

순탄한 가정생활 영부인과 해로하며
잔잔히 맞이하는 여든 번째 돌잔치에
치장한 자손들 모여 두 손 모아 장수 비네.

# 다 안다

한번 보면 다 안다 농부의 눈썰미는
시들해진 이파리 축 늘어진 가장이들
뿌리가 시원찮으니 분갈이가 다급해.

맡으면 다 안다 농부의 코 기운은
창고 속 퀴퀴한 내 뭔가 썩는 역한 악취
곰팡이 슬고 있으니 일광욕이 시급해.

안 봐도 다 아신다 하늘 농부 속눈은
축 처진 어깻죽지 쭈뼛대는 몸짓거리
영혼이 메말라 가니 신공(神工) 호흡 다급해

안 믿어도 다 아신다 하늘 농부 콧김은
어딘가 썩은 내와 바람결의 구린 냄새
사망이 비집고 드니 생명수가 시급해

## 그대, 복 받은 '여성협회(女性協會)'여

스무 성상
가시밭길 헤쳐 온
약관의 여성협회여.

갈대 같은 심신을
강철처럼 연단하여
오늘 성년에 이른
장한 그대 여성협회여.

힘에 부칠 적마다
'女協' 한자(漢字) 뜻 곱삭혔으니
"섬약한 여인들이
십자가와 힘을 함께해 왔네!"

순종과 의지와 믿음
구호와 봉사와 용기
소망과 영성(靈性)의 여성협회여
그대 하나님의 딸들이여!

드보라처럼, 안나처럼
교단과 교회를 이끌며 지키었고

야엘처럼
원수의 관자놀이에 말뚝을 박았으며

맷돌 위짝을 들어 아비멜렉의 두개골을 깬
당찬 여인의 후예들이여!

여자 없이 태어난 자 그 누구인가
해산의 고통과 환희를
그대만큼 맛본 자 누구랴.

그대 오늘 마리아처럼
"말씀대로 내게 이루어지이다."
그 가시 면류관 다시 쓰고
재림의 그날까지 작은 예수들 쑥쑥 낳으리.

그대 에스더처럼
"죽으면 죽으리이다."
결연한 아리따움으로
하늘 임금의 금홀(金笏) 부여잡고
온 세상을 구원하리라.

그대,
진실로 복 받은 여성협회여!

(여성협회 창립 20주년 기념 축시)

## 송년 시

오늘 밤 이곳 남산 벌에
우린 그냥 오지 않았습니다!
5백 년 전의 '루터', '칼빈',
'츠빙글리'의 정신으로,
세례 아닌 침례를 받았다고
일요일 대신 안식일 지켰다고
손발 묶이고 큰 돌 목에 단 채
저 푸른 다뉴브강 물결에 스러져 간
당찬 진리의 충혼(忠魂)들에
이끌려 이곳에 왔습니다!

금년 마지막 주일까지
온전히 지켜낸 장한 '안식이'들!
가정에서 직장에서 사회에서
따가운 눈총, 푸대접, 불이익을
눈물로 꿀꺽꿀꺽 삼키며
속이는 자 같으나 참되고
무명한 자 같으나 유명한 자로
죽지 않고 살아 있음을
목소리 높여 찬양하고 싶어
이곳으로 달려왔습니다!

이 밤 여기 남산 벌에
거룩한 행실과 경건함으로
하나님의 날이 임하기를
간절히 사모하는 '재림이'들!
제자도와 선교의 활화산 되어
온 세상을 한번 뒤흔들고 싶어
이렇게 하늘 군대로 진을 쳤습니다.

돌아보면 한 일 크게 없는데
작은 능력 가지고 주님 말씀 지켰다고
주님 이름 배반치 않았다고
여호와의 영광을 나타낼 의의 병기들로 인침을 받은
영원한 '안식이'들, '재림이'들!
오늘 우린 그냥 가지 않으리니
경산·시지 지구의, 아니 영남의 '안흥조'들이 되어
주님 오실 날 또 한 해 당기고자
온 길 돌아보고 살 길 재비하며
진격의 발을 힘차게 구릅니다.

말씀에 가감하지 아니하고
좌로 우로 치우치지 않도록
'에벤에셀' 하나님, '임마누엘' 하나님
'여호와이레' 우리 하나님
변함없이 영원히 함께 하시리이다.

(2017년도 경산·시지 지구 찬양의 밤에)

## 재림문인협회 회가
― 작사: 이규호, 작곡: 서옥선 ―

**1절**
우리는 말씀 속의 문학 정신 계승자
만물 안에 감춰진 깊은 뜻 밝혀내고
영감 된 글로써 어둔 세상 밝히세.

**2절**
우리는 태초 말씀 예수님의 문하생
평범에서 비범을, 비범을 평범하게
비유로 드러낸 생명 문학 본받세.

**3절**
우리는 택함 받은 재림문학 선도자
사람에겐 기쁨을, 하늘엔 영광 돌려
충성된 종이란 주의 칭찬 다 듣세.

**후렴**
한 손에는 복음 횃불 높이 치켜들고서
또 한 손엔 재림 깃발 널리 휘날리면서

# 제6장
# 나도 쟁이

# 나비

완전 탈바꿈
신령한 우화(寓話)
옛 껍질 벗고
우화(羽化)!

게걸스런 입
부리던 성화(成火)
고이 접은 채
성화(聖化)!

*지은이 주: 제6장의 시들은 한시체(漢詩體)의 하나인 '17자시', 곧 '오언절구(五言絶句)'에서 결구 마지막 3언을 탈락시킨 변체(變體)(5언+5언+5언+2언)를 한글로 지은, 제가 창안한 '한글 4행 17자시'들입니다.

  짝수 행 마지막 글자에 압운(押韻)하는 것도 한시와 동일합니다. 위의 「나비」 시에서는 '화'자로 운을 맞춘 것을 볼 수 있습니다. 여기서 '운(韻)'이란 우리 국어에서는 '중성(中聲)'과 '종성(終聲)'의 합을 말합니다. 예를 들면 '장'자에서 '앙'이 운이기에 '당, 방, 상' 등이 같은 운자가 됩니다. 물론 위의 시에서처럼 종성이 없는 경우는 중성이 그대로 운이 됩니다. 이렇게 17자시에서 제2행과 제4행 끝에 같은 운자를 놓는 것을 '압운'이라고 합니다.

  그리고 시의 가장 핵심이 되는 내용을 마지막 두 글자에 넣는 것이 이 17자시의 특징이기도 합니다.

## 나도 쟁이

세상의 많은
쟁이 가운데
나 어떠한지
보세!

담에 들붙는
담쟁이처럼
나 예수쟁이
낙점!

영으로 쓰는
글쟁이 붓심
심비에 아로
새김!

비유의 대가
멋쟁이 주님
나 따라쟁이
다짐!

# 참사랑

네가좌하면
내가우하고
양보하는맘
숭고!

너는흥하고
나는쇠하리
패배가아닌
승리!

생명내주신
비장한맘씨
자아희생의
극치!

## 영적 예배

산 제물 표본
주님과 이삭
뒤이을 우리
품삯(롬 12:1)

제단에 오를
제물의 조건
흠 없는 생애
관건(레 22:20)

살아 있어도
안 꿈틀대고
주님 뜻 안에
죽고(행 7: 59~60)

주를 믿으면
죽어도 사네
역설(逆說)의 묘미
깊네(요 11: 25).

# 너는

주님 내쉰 숨
받으니 성령
말씀 힘입어
생령!

넌 물 댄 동산
생수의 우물
한없이 터질
봇물!

넌 주님 편지
세상의 소금
주 품성 녹인
앙금!

## 사랑은

사랑은눈을
밝게하지요
제자식알아
보죠

사랑은귀를
밝게하지요
아빠음성을
알죠

사랑은몸을
흠없게하죠
산제물주님
닮죠

사랑은맘도
통하게하죠
부자유친인
걸요

## 신흥부전(新興夫傳)

그는흥하고
나는쇠하리
더크게흥할
이치!

천사표제비
박씨물고와
정직한자를
도와!

흥왕하리니
의인흥부박
하늘의보화
대박!

## 재물론

아껴도가난
흩어도윤택
우리가할일
선택!

미련퉁이들
'발람'과'나발'
재물에잡혀
망발!

'아굴'의기도
'말라기'권면
하나님응답
당연!

주기적자선
탐심치료제
주는게복이
있네!

## 선악과

선악과 먹고
눈 밝아지면
영생 잃는 건
필연!

만지지 말고
먹지도 말라
하나님 사랑
알싸!

칠 일 중 하루
시간선악과
주님 지키신
금과(金科)!

열 중에 하나
재물선악과
지킨 자들의
보화!

## '우보'표 마중물

아무리 좋은
펌프라 해도
마중물 없인
도로(徒勞)!

'우보'의 예지
갖춘 문장력
마중물 구실
적격!

어미 소 몸엔
문학 '칩(chip)' 있네
송아지 글에
음메!


*우보(牛步) - 표성수 교수님의 아호임

## '석침(石枕)' 아호 풀이

돌베개 베고
야곱이 꾼 꿈
주 약속대로
이룸!

머리 두실 곳
없으신 주님
나 석침 되어
드림!

## 가족 건강

언제모여도
화목한가족
감사히누릴
천복(天福)!

누가아프면
모두가근심
안전사고에
조심!

고난당할땐
기도로교통
즐거울때는
찬송!(약 5:13)

건강잃으면
평생의앙화(殃禍)
깨어지키면
보화!(寶貨)

모든염려를
주께맡기라
돌보시리니
그가!(벧전 5:7)

## 귀감

17자시를
누가 물으면
'얼결'을 보라
권면!

문일지십(聞一知十)은
'얼결'의 특장
남다른 두뇌
파장!

따라 배우세
17자시를
시심 짜내는
베틀!


*얼결 - 남대극 교수님의 아호임

이규호 제2시집
# 누구를 만났기에

지은이 · 이규호
펴낸이 · 이종기
펴낸 곳 · 세종문화사
편집 주간 · 김영희

주소 · (03740)
　　　서울 서대문구 통일로 107-39, 223호
　　　E-mail : eds@kbnews.net
등록 · 1974년 2월 10일 제9-38호
전화 · (02)363-3345
팩스 · (02)363-9990

제1판 1쇄 발행 · 2019년 8월 30일

ISBN 978-89 7424-149-0　　03810

값 10,000원

이 도서의 국립중앙도서관 출판 예정 도서목록(CIP)은
서지정보유통지원시스템 홈페이지(http://seoji.nl.go.kr)와
국가자료종합목록 구축시스템(http://kolis-net.nl.go.kr)에서
이용하실 수 있습니다.(CIP제어번호: CIP2019029780)